ときめくプリン と プリンなお菓子

も。けん

山と溪谷社

はじめに

2021年10月にはじめてのレシピ本『魅惑のプリン』を出版してから2年がたち、早くも第2弾を出版することになりました。前著では、基本のプリンをはじめ、カスタードプリンを軸にプリンの誘惑的なおいしさを追求したレシピを紹介しましたが、今回は、プリンの概念をそこから少し広くとらえることにしました。

レシピを開発する過程で、さまざまな新しいプリンとの出合いがありました。ここ数年注目を集めている「ブラジルプヂン」に代表されるプリンケーキやタルトケーキなどのレイヤープリン、フランスの伝統菓子「クレームブリュレ」や「フランパティシエール」「クラフティ」などの外国のプリンのほか、多くの日本人になじみのあるカップの底の棒をプチっと折って取り出すプリン、まるでわらび餅のような食感のプリン、発酵食品を使ったプリン、茶碗蒸しのようなつるっと温かなプリンなど、気がつけば30種類以上のレシピを収録する、飽くなきプリンへの情熱をたっぷり注いだ一冊となりました。

なかにははじめて見聞きするプリンもあるかもしれませんが、どのレシピもおいしさはプリニストである僕のお墨つきです。さまざまなプリンを、ニュートラルな気持ちで自由に楽しんでください。

「プリン」という定義は人によって違いますし、それを縛る法律もない。プリンは無限大で、愛する個々人の思いとともに成熟していくことで、ここまで愛されるスイーツになったのだと思います。プリンって楽しい！ そう思ってもらえればうれしいです。
May the pudding be with you :)

も。けん

ようこそ！ も。けんワールドへ

今から約120年前のレシピ本にはじめて登場したプリンの原型「カメルカスター」からスタートし、
前著『魅惑のプリン』で紹介した「基本のプリン」の進化バージョン「ミルキープリン」、
和菓子みたいな食感のプリンやフランス、イギリス、台湾などの外国のプリン、
今話題のプリンケーキまで収録する、さらにマニアックなプリン本が出来ました！
ページをめくるたびにおいしそう～と胸が高鳴り、思わずごくりとのどがなります。

目 次

1 ときめくプリン

2

プリンなお菓子

〈 本書のおことわり 〉

● 小さじ 1 は 5 ㎖、大さじ 1 は15㎖です。
● 卵はMサイズを使用しています。全卵50g（卵白30g、卵黄20g）が目安です。
● 生クリームは、乳脂肪分35％のものを使用しています。
● バターは食塩不使用のものを使用しています。
● オーブンの焼き時間は、ご家庭のオーブンに合わせて調整してください。
● p.12「カメルカスター」を作るさいに使っているホットプレートは、「ブル
　ーノ コンパクトホットプレート」です。
● 電子レンジは600Wでの加熱時間になります。

材料について

この本で使用した基本の材料と、特徴的な材料を紹介します。
素材の特性を知って、自分好みのレシピにアレンジするなど活用してください。

〈 リキュール 〉

① **アマレット**
② **クレーム・ド・フランボワーズ**
③ **マルサラワイン**
④ **ズブロッカ**

アマレットはチョコレート系との相性が抜群。クレーム・ド・フランボワーズはチーズ系との相性がいいです。「タラゴンとチーズのクレームブリュレ」(p.42)のタラゴンリーフをクレーム・ド・フランボワーズ小さじ2に代えてもおいしいです。マルサラワインは甘くて濃厚な香りがプリンにプラスされます。ズブロッカは甘みがひきしまるので、「とろけるプリンブリュレ」(p.46)の「ベリーソース」に小さじ1入れても。

〈 鶏卵 〉

8

⑤ **卵**
卵黄には油脂分が含まれているため、多く使えばコクが増してもったりとした食感になります。本書ではMサイズ（全卵50g〈卵白30g＋卵黄20g〉目安）を使用しています。

〈 香り 〉

⑥ **バニラビーンズ**
⑦ **バニラビーンズペースト**
⑧ **バニラエッセンス**

バニラビーンズはさやに入ったバニラのこと。さやに切り目を入れてバニラシード（種）をしごき出して使います。バニラビーンズを扱いやすいペースト状にしたものが、バニラビーンズペースト。種も含まれているため本格的なバニラの風味が味わえます。バニラエッセンスは、アルコールにバニラの香り成分を抽出した香料。加熱すると香りが飛びやすくなります。

〈 甘み 〉

⑨ **グラニュー糖**
⑩ **きび砂糖**

グラニュー糖は淡白でサラッとした甘さが特徴。素材の味をじゃましません。きび砂糖はさとうきびの液を煮詰めて作るので、甘みがまろやか。風味とコクを出したいときに使います。ざらめタイプだと溶けにくいので、本書では粉末状のものを使っています。

〈 乳製品 〉

⑪ **練乳（コンデンスミルク）**
⑫ **生クリーム**
⑬ **牛乳**
⑭ **スキムミルク（脱脂粉乳）**
⑮ **バター**
⑯ **クリームチーズ**

練乳は濃厚でミルキーな風味が特徴です。本書では乳脂肪分35％の生クリーム（動物性100％）を使用しています。牛乳は、市販の生乳であれば問題ありませんが、低脂肪乳などの加工乳はプリンには向きません。牛乳の一部を生クリームに置き換えると、より濃厚なプリンになります。スキムミルクは水に溶けやすく、ほのかな甘みがあるので、ミルキーな風味を足したいときに使います。バターは食塩不使用のものを使用しています。プリンは酸味の少ないクリームチーズとの相性がよく、本書では「リュクスクリームチーズ」を使用しています。

道具について

おいしいプリンを作るために必要な道具を紹介します。ていねいにプロセスをふむことで、失敗が防げます。

〈 塩 〉

⑰ **海塩**
最後にふりかける塩は、うすく結晶化された塩「フルール・ド・セル」がおすすめです。口に入れたときにゆっくりと溶け、塩味がおだやかに広がります。

〈 とろみ・凝固剤 〉

⑱ **ライススターチ**
⑲ **粉寒天**
⑳ **粉ゼラチン**

ライススターチはとろみづけに使うので、片栗粉で代用可能。コーンスターチや片栗粉より粒子が細かく、ダマになりにくいという特徴があります。粉ゼラチンは水に溶けやすいものが使いやすいです。ゼラチンは熱に弱いので、「プチっとプリン」（p.32）には粉寒天を使用しました。

① **ボウル**
材料を分けたり、生地を混ぜ合わせたりするのに使用します。深さのあるものを大きさ違いでそろえておくと便利です。

②・③ **ホイッパー**
卵白のコシをしっかり切って、卵黄やその他の材料をしっかり混ぜ合わせるために使います。

④ **ゴムべら**
生地を混ぜたり、ボウルからこそげ取ったりするのに使用します。耐熱性のあるシリコン製がおすすめ。

⑤ **ジャムスプーン**
カラメルを溶かすときに、小さめのゴムべら代わりに使用。生地を混ぜたり、ボウルからこそげ取ったりするのにも便利です。シリコン製。

⑥・⑦ **ケーキナイフ**
プリンを型から取りはずすときに使います。好みで、使いやすい大きさを選んでください。

⑧ **計量スプーン**
大さじ（15 mℓ）と小さじ（5 mℓ）をそれぞれ用意。

⑨ **調理用温度計**
非接触で表面温度が測れる、デジタル温度計。昔ながらの水銀計の場合、耐熱温度に注意。

⑩ **バーナー**
「クレームブリュレ」（p.40）などをキャラメリゼするときに使用します。

⑪ **ケーキクーラー**
焼き上がったプリンケーキをのせて冷ます網。

⑫ **はかり**
0.1g 単位で計量できるデジタルタイプが便利です。

⑬ **茶こし**
プリン液をこして、溶けきっていない卵白などを取り除き、なめらかなプリンに仕上げるために使用します。

⑭ **ハンドブレンダー**
ボウルや鍋に入った材料を攪拌したり、つぶしたりするときに使用します。

⑮ **ハンドミキサー**
生クリームやメレンゲの攪拌に使用します。3段階の切り替えができればOK。

9

型について

どんなプリンを作るか、仕上がりをイメージしながら型を選ぶのも
プリン作りの楽しさの1つ。この本で使用した基本の型を紹介します。

① 丸型
（直径18cm）

プリン液が出てしまうので、「フランパティシエール」（p.70）では底が抜けないタイプを使用。「プリンなバスクチーズケーキ」（p.66）、「フランパティシエール - 黒ごま -」（p.74）は、生地が崩れやすいので底が抜けるタイプを使いました。

② ・ ⑨ バット
②のホーローのバット（約19×23×高さ5cm／1390㎖）は、ふたができるので「キャラメルプリンアイス」（p.80）に使用。⑨のアルミのバット（約18×13×高さ2cm）は「プリンもち」（p.88）の生地を固めるのに使いました。用途で使い分けてください。

③ ・ ④ 耐熱容器
③の耐熱容器（直径10×高さ2.5cm）は、「クレームブリュレ」（p.40）、④の容器（直径10×高さ4.5cm）は、「タラゴンとチーズのクレームブリュレ」（p.42）で使用。容器に入れたままバーナーで焦がします。好みで容器の深さを変えてスタイリングを楽しんで。

⑤ ステンレス製プリンカップ
（直径7.8×高さ2cm）

ステンレス製のカップはアルミのカップに比べて熱伝導率が低いので、火の入り方がやさしいのが特徴です。紹介している型は高さがないので、かわいい感じに仕上がります。

⑥ 耐熱ガラス製プリンカップ
（直径7.7×高さ6.7cm）

火のとおり加減が見えるので焼き時間の調整がしやすく、熱伝導率も低いため、火の入りがゆっくりで「す」も入りにくいです。カラメルを型に流すときに温度差があると、ガラスが割れる危険があるので注意が必要です。

⑦ ガラスキャニスター
（直径5.5×高さ7cm）

円柱状の型はそのままデコレーションしてもかわいらしく仕上がるのでお気に入りです。ヴィジョングラスなどの耐熱容器なら、湯煎焼きもできます。

⑧ グラタン皿
（約18×13×高さ2cm／1100㎖）

「バナナのクラフティ」（p.78）で使用。耐熱容器やバットで代用可能。

1

ときめくプリン

明治時代に広まった、和製プリンの原型「カメルカスター」や、
ベーシックな「ミルキープリン」「プチッとプリン」のほか、
チョコ、アボカド、レモンなどのフレーバードプリンや、
和風や台湾、フランス、アメリカなどの各国風にアレンジした
これまで出合ったことのない、新しいプリン18種をご紹介します。

カメルカスター

RECIPE p.15

おうちスイーツの原点であるプリンが、日本で最初に紹介されたのは明治時代。
1903年刊行の『家庭料理法』に、カラメルと一緒に蒸しあげる
現在のレシピに近いプリン「カメルカスター」が登場しました。
茶碗蒸しとよく似たぷるんとした食感や、オーブンがなくても作れることがウケて、
一般家庭にも広く普及していったとか。
ここでは、「ブルーノ」というホットプレートでレシピを再現。
ふつうのホットプレートやフライパンでも作れます。

カラメルは、火を止めるタイミングで色と苦さが変わります。苦さがほしければ火をしっかり入れて、カラメルの色が濃い琥珀色（写真奥のプリン参照）になったら火を止め、甘くさっぱりとした苦さがよければ、べっこう色（写真手前のプリン参照）に色づいたタイミングで火を止めます。

13

カメルカスター

材料（100mℓの耐熱容器7個分）
[カラメル]
グラニュー糖 … 大さじ2

[プリン液]
卵 … 3個
グラニュー糖 … 大さじ4
牛乳 … 270g

下 準 備
・卵は常温に戻す。
・ホットプレートにあれば網を敷き、耐熱容器を並べる。

＊網は敷かなくてもOK。

一般的なホットプレート・フライパンでの作り方

下記の作り方6でふたをしたら（容器の上部が覆われていればOK。アルミ箔で覆ってもよい）、ホットプレートなら140〜160℃、フライパンなら中火で5分ほど加熱する（途中、湯がぶくぶくと沸騰するようなら温度を少し下げるか火を弱める）。プリン液の縁が固まっているのを確認して電源オフまたは火を止め、そのまま15分おき、余熱で中まで火をとおす。

＊容器7個を一度にセットできない場合は、2回に分けて加熱する。

カラメルを作る

1 鍋にグラニュー糖を入れ、中火にかける。茶色く色づき始めたら、全体が均一になるようにときどき鍋をゆすりながら加熱する。

2 全体に濃い琥珀色になったら火を止め、準備した耐熱容器に均等に入れる。

　＊カラメルは固まりやすいので、熱いうちに素早く型に流し入れる。
　＊型に流し入れる前に、カラメルが鍋の中で固まってしまったら、再度火にかけて溶かしてから型に入れる。
　＊苦みをおさえたければ、濃く色づく手前、べっこう色くらいで火を止める（p.12手前のプリンのカラメルの色参照）。

プリン液を作る → 焼く → 盛る

3 ボウルに卵を割り入れ、グラニュー糖を加え、泡立てないように気をつけながらホイッパーで混ぜる。

4 牛乳を加えてさらに混ぜ、茶こしでメジャーカップなどにこし入れる。

5 2の耐熱容器に均等に注ぎ入れる。

　＊プリン液の表面の泡はスプーンですくって取り除く。

6 ホットプレートに沸騰した湯を耐熱容器の高さの半分まで注ぎ、ふたをして弱火で5分蒸し焼きにする。容器の縁からプリン液が固まってきたら火を止め、ふたをして15分おき、余熱で中まで火をとおす。

　＊一般的なホットプレートやフライパンでの作り方は上記囲み参照。

7 ふたを取り、表面を軽く押して弾力があれば出来上がり。取り出して粗熱をとる。p.19の作り方15〜18と同様にして、型からはずし皿に盛る。

　＊粗熱がとれたころに食べても、ほどよい甘さと卵のコクを感じられておいしい。

ミルキープリン

RECIPE p.18

ベーシックなおいしさのカスタードプリン。
卵液にスキムミルクを入れることで、ミルク感が増し増しに！
つるんとした口当たりに思わずうっとり。

つるん、ぷるんとした食感のプリン。バニラ
アイスをトッピングしたり、余分に作ったカ
ラメルを上からかければ、ミルキーな風味が
さらにリッチに。

Foreword by
Harper & Marill Stubbs

ミルキープリン

材料（200mℓの耐熱容器4個分）

[カラメル]
グラニュー糖 … 50g
水 … 大さじ1
湯 … 大さじ2

[プリン液]
牛乳 … 350g
スキムミルク … 35g
卵 … 2個
グラニュー糖 … 60g
バニラエッセンス … 5滴

下準備
・卵は常温に戻す。
・オーブンは140℃に予熱する。

カラメルを作る

1 鍋にグラニュー糖と分量の水を入れ、中火にかける。茶色く色づき始めたら、全体が均一になるようにときどき鍋をゆすりながら加熱する。

2 周辺からだんだん茶色く色づき、全体が茶色くなってくる。細かい泡からボコボコとした大きな泡が立つようになる。この状態でだいたい210℃くらい。

3 230℃くらいまで加熱を続けると、全体に濃い琥珀色に色づき白い煙が立ってくる。ここで分量の湯を加える。

＊湯は熱湯がよい。加えるときはハネによる火傷に注意。

4 鍋をゆすって全体になじませ、火を止める。

5 ゴムべらで混ぜたときに、鍋底が見える程度の粘度に落ち着けば、カラメルの温度も120℃くらいまで下がっている。

＊鍋の底にどろっとしたカラメルがたまっている場合は、ゴムべらで均一の濃度になるようにしっかりと混ぜ合わせる。

6 熱いうちに、耐熱容器にスプーンで均等に注ぎ入れる。

＊ガラス製の耐熱容器の場合、湯煎で容器を温めてからカラメルを入れると、温度差による割れを防げる。
＊鍋は7で使うので洗わずそのままでOK。

プリン液を作る → 焼く

7 6の鍋に牛乳、スキムミルクの順に入れ、中火にかける。

8 ホイッパーで混ぜながら、80℃くらい（鍋縁からぷつぷつと細かい泡が立つ）まで加熱して火を止め、そのまま冷ます。

9 ボウルに卵を割り入れ、グラニュー糖を加え、泡立てないように気をつけながらホイッパーで混ぜる。

18

10 バニラエッセンスを加え、さらに混ぜる。

11 8を2〜3回に分けて注ぎ入れ、そのつどホイッパーでよく混ぜ合わせる。

12 茶こしでメジャーカップなどにこし入れる。

*ほぐしきれなかった卵白などを取り除く。

13 6の耐熱容器に均等に注ぎ入れる。

*プリン液の表面の泡はスプーンですくって取り除く。

14 バットに移し、40℃くらいの湯を耐熱容器の高さ1cmまで注ぎ、140℃のオーブンで40〜45分湯煎焼きにする。

15 バットから容器を取り出して粗熱をとり、1個ずつラップをして冷蔵庫で一晩冷やす。

盛る

16 スプーンの背で耐熱容器の縁を軽く押さえながら1周させ、生地を容器から離す。

17 下に皿を用意し、耐熱容器の側面にナイフを差し入れ、容器の内側に空気を入れる。

18 耐熱容器を傾けて、プリンを皿に取り出す。取り出しにくければ、側面にナイフを入れて1周させてから、容器の上に皿をのせて素早くひっくり返し、皿と容器を押さえながら上下に軽くふる。容器をそっと持ち上げてプリンを取り出す。

19

ラズベリーチョコプリン

ちょっぴり大人な表情のブラックココアのプリン。
クリームチーズのコクと酸味に、ラズベリーリキュールの
甘酸っぱい風味をきかせたラグジュアリーな味わいです。

材 料（200mℓの耐熱容器3個分）

［ カラメル ］
グラニュー糖 … 30g
水 … 小さじ1
湯 … 大さじ1
クレーム・ド・フランボワーズ
　 … 大さじ1/2

［ プリン液 ］
クリームチーズ … 50g
グラニュー糖 … 40g
ブラックココアパウダー … 大さじ1
クレーム・ド・フランボワーズ
　 … 大さじ1
卵 … 2個
牛乳 … 100g

下 準 備
・クリームチーズと卵は常温に戻す。
・オーブンは140℃に予熱する。

カラメルを作る

1 p.18の作り方1〜6と同様にして、カラメルを作り耐熱容器に注ぎ入れる。ただし、作り方3では分量の湯とともにクレーム・ド・フランボワーズを加える。

*鍋は4で使うので洗わずそのままでOK。

プリン液を作る → 焼く → 盛る

2 ボウルにクリームチーズ、グラニュー糖を入れ、ゴムべらでなめらかになるまで混ぜてブラックココアパウダーを加え、再度混ぜてなじませる ⓐ。

3 クレーム・ド・フランボワーズを加えて ⓑ スプーンで混ぜ、卵を1個ずつ割り入れてそのつどホイッパーで混ぜる ⓒ。

4 1の鍋に牛乳を入れて中火にかけ、ホイッパーで混ぜながら80℃くらい（鍋縁からぷつぷつと細かい泡が立つ）まで温める。メジャーカップに移して3に加え、ホイッパーでしっかりと混ぜ合わせる。茶こしでメジャーカップなどにこし入れて、1の耐熱容器に均等に注ぎ入れる ⓓ。

5 バットに移し、40℃くらいの湯を耐熱容器の高さ1cmまで注ぎ、140℃のオーブンで30分ほど湯煎焼きにする。バットから容器を取り出して粗熱をとり、1個ずつラップをして冷蔵庫で一晩冷やす。

6 p.19の作り方16〜18と同様にして、型からはずし皿に盛る。

アボカドプリン

クリームチーズとレモンの酸味が口の中に広がり、
続いてアボカドがふわっと香るさわやかなプリン。
アボカドは、完熟のものを使うのがおすすめです。

材 料（200mℓの耐熱容器3個分）
［ **カラメル** ］
グラニュー糖 … 30g
水 … 小さじ1
湯 … 大さじ1と1/2

［ **プリン液** ］
アボカド … 50g（正味）
クリームチーズ … 50g
グラニュー糖 … 45g
レモン汁 … 15g
レモンゼスト（レモンの皮の
　すりおろし）… 1/2個分
卵 … 2個
牛乳 … 40g

下 準 備
・アボカドはざく切りにする。
・クリームチーズ、卵は常温に戻す。
・オーブンは140℃に予熱する。

カラメルを作る

1　p.18の作り方1〜6と同様にして、カラメルを作り耐熱容器に注ぎ入れる。

＊鍋は3で使うので洗わずそのままでOK。

プリン液を作る → 焼く → 盛る

2　ボウルにアボカドとクリームチーズ、グラニュー糖を入れ、ハンドブレンダーで撹拌して ⓐクリーム状にする。レモン汁とレモンゼストを加え ⓑ、さらになめらかになるまで撹拌する。卵を1個ずつ割り入れ、そのつどホイッパーでしっかりと混ぜる ⓒ。

3　1の鍋に牛乳を入れて中火にかけ、ホイッパーで混ぜながら80℃くらい（鍋縁からぷつぷつと細かい泡が立つ）まで温める。メジャーカップに移して2に加え ⓓ、ホイッパーでしっかりと混ぜ合わせる。茶こしでメジャーカップなどにこし入れて、1の耐熱容器に均等に注ぎ入れる。

4　バットに移し、40℃くらいの湯を耐熱容器の高さ1cmまで注ぎ、140℃のオーブンで30分ほど湯煎焼きにする。バットから容器を取り出して粗熱をとり、1個ずつラップをして冷蔵庫で一晩冷やす。

5　p.19の作り方16〜18と同様にして、型からはずし皿に盛る。

a b c d

レモンチーズプリン

レモンをきかせた後味さっぱりのプリンです。
クリームチーズ多めのレシピなので、
濃厚なチーズケーキのような味わいです。

材 料（200㎖の耐熱容器3個分）

［ カラメル ］
グラニュー糖 … 30g
水 … 小さじ１
湯 … 大さじ１と1/2

［ プリン液 ］
クリームチーズ … 100g
グラニュー糖 … 45g
レモン汁 … 15g
レモンゼスト（レモンの皮の
　すりおろし）… 1/2個分
卵 … ２個
牛乳 … 50g

下 準 備
・クリームチーズ、卵は常温に戻す。
・オーブンは140℃に予熱する。

カラメルを作る

1 p.18の作り方１〜６と同様にして、カラメルを作り耐熱容器に注ぎ入れる。

＊鍋は３で使うので洗わずそのままでOK。

プリン液を作る → 焼く → 盛る

2 ボウルにクリームチーズ、グラニュー糖を入れ、ハンドブレンダーで攪拌してクリーム状にする。レモン汁とレモンゼストを加え、さらになめらかになるまで攪拌する。卵を１個ずつ割り入れ、そのつどホイッパーでしっかりと混ぜる。

3 １の鍋に牛乳を入れて中火にかけ、ホイッパーで混ぜながら80℃くらい（鍋縁からぷつぷつと細かい泡が立つ）まで温める。メジャーカップに移して２に加え、ホイッパーでしっかりと混ぜ合わせる。茶こしでメジャーカップなどにこし入れて、１の耐熱容器に均等に注ぎ入れる。

4 バットに移し、40℃くらいの湯を耐熱容器の高さ１㎝まで注ぎ、140℃のオーブンで30分ほど湯煎焼きにする。バットから容器を取り出して粗熱をとり、１個ずつラップをして冷蔵庫で一晩冷やす。

5 p.19の作り方16〜18と同様にして、型からはずし皿に盛る。

みりんプリン

甘露あめのような味わいの、甘じょっぱいプリンです。
トッピングのみりんをしっかり煮詰めるのがポイント。
酒臭さが飛び、みりんのうまみが濃縮されます。

材 料（120mℓの耐熱容器3個分）

[**プリン液**]
卵 … 2個
きび砂糖 … 20g
みりん … 70g
牛乳 … 100g
生クリーム … 50g
塩 … ひとつまみ

[**ソース**]
みりん … 50g

下 準 備
・卵は常温に戻す。
・オーブンは140℃に予熱する。

プリン液を作る → 焼く

1　ボウルに卵を割り入れ、きび砂糖を加え、ホイッパーでしっかりと混ぜ合わせる ⓐ。

2　鍋にみりん50gを入れ、中火で半量になるまで煮詰め、残りのみりん、牛乳、生クリーム、塩を加え ⓑ、混ぜながら80℃くらい（鍋縁からぷつぷつと細かい泡が立つ）まで温める。

3　1に2を少しずつ加え ⓒ、そのつどホイッパーでしっかりと混ぜる。

4　茶こしでメジャーカップなどにこし入れ ⓓ、耐熱容器に均等に注ぎ入れる ⓔ。

5　バットに移し、40℃くらいの湯を耐熱容器の高さ1cmまで注ぎ、140℃のオーブンで30分ほど湯煎焼きにする。バットから容器を取り出して粗熱をとり、1個ずつラップをして冷蔵庫で一晩冷やす。

ソースを作る

6　鍋にみりんを入れ、中火で半量になるまで煮詰め、そのままおいて粗熱をとる。冷蔵庫から取り出した5に均等にかける。

みりんプリン　- みそ -

白みその風味がほのかに香るみりんプリンに、
塩味がきいたみそシャンティをのせて、「みそ感」をプラス。
好みでこしょうをひとつまみかけて食べるのも、ツウな食べ方です。

材 料（120mℓの耐熱容器3個分）
［プリン液］
卵 … 2個
きび砂糖 … 20g
白みそ … 20g
みりん … 70g
牛乳 … 100g
生クリーム … 50g

［みそシャンティ］
生クリーム … 50g
きび砂糖 … 10g
白みそ … 2g

黒こしょう（好みで）… 適量

下 準 備
・卵は常温に戻す。
・オーブンは140℃に予熱する。

プリン液を作る → 焼く

1 ボウルに卵を割り入れ、きび砂糖、白みそを加え、ホイッパーでしっかりと混ぜ合わせる。

2 鍋にみりん50gを入れ、中火で半量になるまで煮詰め、残りのみりん、牛乳、生クリームを加え、混ぜながら80℃くらい（鍋縁からぷつぷつと細かい泡が立つ）まで温める。

3 1に2を少しずつ加え、そのつどホイッパーでしっかりと混ぜる。

4 茶こしでメジャーカップなどにこし入れ、耐熱容器に均等に注ぎ入れる。

5 バットに移し、40℃くらいの湯を耐熱容器の高さ1cmまで注ぎ、140℃のオーブンで30分ほど湯煎焼きにする。バットから容器を取り出して粗熱をとり、1個ずつラップをして冷蔵庫で一晩冷やす。

みそシャンティを作る

6 ボウルに生クリームときび砂糖を入れ、ホイッパーで7分立てにする。白みそを加え、好みのかたさになるまでさらにホイッパーで泡立てる。

7 冷蔵庫から取り出した5に6を均等にのせ、好みで黒こしょうをふる。

プチっとプリン 2 種

子どものころに大好きだった「プッチンプリン」。
プリン巡りで出合うプリンたちとは別ものだけど、
懐かしい思い出の味の再現にトライ。
自分でプチっと出す瞬間の、楽しさとときめき込みで
あの「おいしさ」だから、プリンカップにもこだわりました。

プチッとプリン

原材料とカロリーから分量を算出して「謎解き」したレシピ。
ほんのり香る100％キャロットジュースが、
あの独特の色と香りを再現するポイントです。

材料（プリンカップM〈右下囲み参照〉5個分）

[カラメル]

グラニュー糖 … 40g

A

| 水 … 150g
| 粉寒天 … 0.3g
| ライススターチ（または片栗粉）… 7 g
| グラニュー糖 … 30g

[プリン液]

卵黄 … 1 個分
バター … 20g
練乳 … 80g
グラニュー糖 … 10g
キャロットジュース … 10g
バニラエッセンス … 15滴
塩 … ひとつまみ
牛乳 … 300g
生クリーム … 30g
水 … 50g
粉寒天 … 1.5g
スキムミルク … 35g
ライススターチ（または片栗粉）… 12g

下 準 備

・Aの水はメジャーカップなどに入れて常温に戻し、残りのAの材料を加えて軽く混ぜる。
・卵黄は常温に戻す。
・バターは電子レンジで様子を見ながら20〜30秒加熱して溶かす。

＊かたまりが残っていたら、ゴムべらで混ぜて溶かす。

[**プリンカップ販売先**]

PP71径-130FP
プッチン棒付（本体のみ）
● cotta
https://www.cotta.jp/

カラメルを作る

1 鍋にグラニュー糖40gを入れ、中火にかけてゆすりながら加熱する。

＊p.15の作り方1〜2参照。

2 準備したAを軽く混ぜて1に加え（写真上）、ゴムべらで混ぜながらカラメルを溶かして沸騰直前まで温め、火を止める（写真下）。

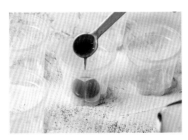

3 プリンカップに2を小さじ2ずつ入れ、冷蔵庫に入れる。

＊残ったカラメルのうち40gは、5で使うまで常温で保管する。あまったカラメルの活用法はp.35下の「column」参照。

プリン液を作る → 冷やし固める

4 ボウルに卵黄を入れ、溶かしたバターを少しずつ加える。そのつどホイッパーで攪拌し、乳化させる。

5 練乳、グラニュー糖、キャロットジュース、バニラエッセンス、3のカラメル40g、塩を加え、混ぜ合わせる。

6 鍋にプリン液の残りの材料をすべて入れ、中火にかける。ゴムべらで鍋底から混ぜながら加熱し、とろみがついてぼこぼこと泡が出たら弱火にして、さらに1分ほど混ぜ、火を止める。

7 6を5に少しずつ加えながら、そのつどホイッパーで混ぜ合わせる。

8 茶こしでメジャーカップなどにこし入れ（写真上）、冷蔵庫から取り出した3に均等に注ぎ入れる（写真下）。粗熱がとれたら1個ずつラップをして、冷蔵庫で3時間以上冷やし固める。

9 冷蔵庫から取り出した8を皿の上に逆さまにしておき、カップの底のプッチン棒を折って皿に取り出す。

プチッとプリン － 抹茶 －

自分で作るプチっとプリンだから、
フレーバーだって自分好みにカスタマイズ。
抹茶の苦みをきかせた、大人も楽しいプッチンが出来ました。

材料（プリンカップM〈p.32囲み参照〉
　　　　5個分）
［ カラメル ］
プチッとプリン（p.32）のカラメルの
　材料 … 全量

［ プリン液 ］
卵黄 … 1個分
バター … 20g
練乳 … 80g
グラニュー糖 … 10g
塩 … ひとつまみ
│ 抹茶 … 10g
│ 湯 … 25g
牛乳 … 300g
生クリーム … 30g
水 … 50g
粉寒天 … 1.5g
スキムミルク … 35g
ライススターチ
　（または片栗粉）… 12g

下 準 備
・卵黄は常温に戻す。
・バターは電子レンジで様子を見なが
　ら20〜30秒加熱して溶かす。
　＊かたまりが残っていたら、ゴムべらで混
　　ぜて溶かす。
・抹茶は分量の湯で溶く。

カラメルを作る

1 プチッとプリンの下準備および作り方1〜3と同様にしてカラメルを作り、プリンカップに入れて冷蔵庫に入れる。

　＊残ったカラメルのうち20gは、3で使うまで常温で保管する。あまったカラメルの活用法は下記「column」参照。

プリン液を作る → 冷やし固める

2 ボウルに卵黄を入れ、溶かしたバターを少しずつ加える。そのつどホイッパーで攪拌し、乳化させる。

3 練乳、グラニュー糖、1のカラメル20g、塩を加え、混ぜ合わせる。湯で溶いた抹茶を加え、さらに混ぜる。

4 鍋にプリン液の残りの材料をすべて入れ、中火にかける。ゴムべらで鍋底から混ぜながら加熱し、とろみがついてぼこぼこと泡が出たら弱火にして、さらに1分ほど混ぜ、火を止める。

5 4を3に少しずつ加えながら、そのつどホイッパーで混ぜ合わせ、茶こしでメジャーカップなどにこし入れる。冷蔵庫から取り出した1のカップに均等に注ぎ入れる。

　＊抹茶のダマを完全に消してなめらかな口当たりに仕上げたい場合は、カップに注ぎ入れる前にさらに1〜2回繰り返してこす。

6 粗熱がとれたら1個ずつラップをして、冷蔵庫で3時間以上冷やし固める。

7 冷蔵庫から取り出した6を皿の上に逆さまにしておき、カップの底のプッチン棒を折って皿に取り出す。

column
プチッとプリンをもっと楽しむ！
プチッとプリンとカラメルソースの
手軽なアレンジアイディアをご紹介します。

● 冷凍して、プリンアイスに！

プチッとプリンにスティックをさして凍らせて、シャリっとした食感のアイスバーに。やわらかい食感のプリンなので、容器のまま凍らせて、溶けたところを少しずつスプーンですくって食べてもおいしいです。

● あまったカラメルの活用法

アイスラテやヨーグルトなど、冷たいものと合わせるとおいしさ倍増。寒天が入っているので、つるっとしたのどごしが楽しめます。ほかにも、カレー（1人分）に大さじ1くらい入れると、コクがでます。

アイスカラメル・ラテ（1人分）

材料
カラメル 40g、氷 適量、A（牛乳100g、練乳 10g、バニラエッセンス 1滴）、アイスコーヒー 40g

グラスにカラメルと氷を入れ、合わせたAを加え、ゆっくりとアイスコーヒーを注ぐ。

ホットカスタードプリン

「茶碗蒸しって日本のプリンじゃない？」と思い、
ドライフルーツや栗をフィリングに、茶碗蒸し風の
デザートに仕立てました。温かいうちに召し上がれ！

材料（120mℓの耐熱容器2個分）
[**プリン液**]
卵 … 1個
牛乳 … 120g
生クリーム … 30g
きび砂糖 … 20g
塩 … ひとつまみ
バニラビーンズペースト … 小さじ1

[**フィリング**]
栗の甘露煮 … 2個
マカダミアナッツ … 2個
ドライトマト … 2個
ドライいちじく … 2個
ドライクランベリー … 大さじ1

ローズマリー（好みで）… 適量

下準備
・ドライトマトとドライいちじくは、
　それぞれ2等分に切る。
・オーブンは140℃に予熱する。

プリン液を作る → 焼く

1 ボウルにプリン液の材料をすべて入れ、ホイッパーで泡立てないように
混ぜ、茶こしでメジャーカップなどにこし入れる。

2 耐熱容器にすべてのフィリングを均等に入れ、1を均等に注ぎ入れる
ⓐ。

3 バットに移し、40℃くらいの湯を耐熱容器の高さ1cmまで注ぎ、140℃
のオーブンで35〜40分湯煎焼きにする。

4 バットから容器を取り出して皿にのせ、好みでローズマリーをのせる。

＊温かいうちにいただく。

豆花布丁
トウファプリン

豆花にハマった時期があり、
もはや「布丁」にしてもおいしいんじゃないか？
と組み合わせてみた、ハイブリットスイーツです。

材料（400㎖の容器1台分）
[蜜]
水 … 200g
きび砂糖 … 25g
塩 … ひとつまみ

[プリン液]
卵黄 … 2個分
きび砂糖 … 20g
塩 … ひとつまみ
バニラエッセンス … 5滴
調整豆乳 … 250g
　粉ゼラチン … 6g
　水 … 30g

[トッピング]（好みで）
ユーユェン（下記参照）… 適量
ゆで小豆（下記参照）… 適量
ゆでピーナッツ（下記参照）… 適量

下 準 備
・粉ゼラチンは分量の水を加えて10
分ほどふやかす。

蜜を作る

1　鍋に蜜の材料をすべて入れ、中火にかける。沸騰したら火を止め、粗熱をとる。

プリン液を作る → 冷やし固める

2　ボウルに卵黄、きび砂糖、塩、バニラエッセンスを入れ、ホイッパーで混ぜ合わせる。卵黄が白っぽくなり、ホイッパーで生地を持ち上げたときにリボン状のあとが残れば混ぜ終わり。

3　鍋に調整豆乳を入れて中火にかけ、60℃に温める。

4　3の半量を2に少しずつ加えてそのつどゴムべらでよく混ぜ、3の鍋に戻して中火にかける。ゴムべらで混ぜながら75℃（鍋縁からぷつぷつと細かい泡が立つ）まで温め、火を止める。

　＊ややとろみがつく。

5　ふやかしたゼラチンを加えてよく混ぜ、ゼラチンが溶けたら容器に注ぐ。粗熱がとれたらラップをして、冷蔵庫で一晩冷やす。

6　1を器に均等に注ぎ、冷蔵庫から取り出した5をスプーンなどですくって盛りつけ、好みで水けをきったトッピングをのせる。

　＊直径約11×高さ4 cm、220㎖容量の器3〜4個分に盛りつけられる。
　＊豆花布丁はぬるま湯につけた平べったいスプーンですくうとよそいやすい。

ユーユェン

材料（作りやすい分量）
A
　白玉粉 … 25g
　ライススターチ … 15g
　きび砂糖 … 10g
　紫芋パウダー … 5g
水 … 約35g

1　ボウルにAを入れ、分量の水を少しずつ加えながら耳たぶくらいのかたさになるよう手でこねる。

2　棒状にのばし、6gずつくらいに切り分ける。

3　鍋に湯を沸かして2を入れ、弱めの中火でゆで、浮いてきたら3分ほどゆで氷水に浸し、粗熱をとる。

　＊温かいほうがもちもち感がある。
　＊すぐに使わない場合は、蜜（作り方1参照）に浸して冷蔵保存する。

ゆで小豆

材料（作りやすい分量）
小豆 … 50g
水 … 300g
きび砂糖 … 15g
塩 … ひとつまみ

1　鍋に小豆と分量の水150gを入れ、中火にかける。沸騰したら一度ざるに上げる。

2　小豆を鍋に戻し、残りの水を加えて中火にかける。沸騰したらふたをして、アクを取りながら弱火で40分ほどゆでる。

　＊小豆が湯から出ないよう、適宜水を足しながらゆでる。

3　好みのかたさになったらきび砂糖、塩を入れてひと混ぜし、火を止め、ふたをして粗熱をとる。

　＊水分を吸って小豆がふくらむ。

ゆでピーナッツ

材料（作りやすい分量）
フライドピーナッツ（無塩）… 30g
塩 … 少々

鍋にピーナッツと塩、かぶるくらいの水を入れ、中火にかける。沸騰したら弱火にして10分ゆで、火を止めてそのまま30分おく。

クレームブリュレ

卵黄と生クリームで、コク深い味わいの濃厚なプリンです。
砂糖を焦がすことで香ばしさがプラスされ、
リッチさとラグジュアリー感がいっそう際立ちます。

材料（100mℓの耐熱容器3個分）
[プリン液]
卵黄 … 3個分
きび砂糖 … 40g
塩 … ひとつまみ
生クリーム … 150g
牛乳 … 50g
バニラビーンズペースト … 小さじ2
アマレット … 小さじ1
グラニュー糖 … 小さじ3

下準備
・卵黄は常温に戻す。
・オーブンは130℃に予熱する。

プリン液を作る → 焼く

1 ボウルに卵黄を入れ、きび砂糖と塩を加えてホイッパーで混ぜる。

2 鍋に生クリームと牛乳、バニラビーンズペーストを入れて中火にかけ、ホイッパーで混ぜながら60℃くらいまで温める。

3 1に2を少しずつ加え、そのつどホイッパーでよく混ぜ合わせる。アマレットを加えて混ぜ、茶こしでメジャーカップなどにこし入れ、耐熱容器に均等に注ぎ入れる。

4 バットに移し、40℃くらいの湯を耐熱容器の高さ1cmまで注ぎ、130℃のオーブンで30分ほど湯煎焼きにする。

5 バットから容器を取り出して粗熱をとり、1個ずつラップをして冷蔵庫で一晩冷やす。

6 食べるときに、冷蔵庫から取り出した5の表面にグラニュー糖を小さじ1ずつふり、バーナーで焦がす。

タラゴンとチーズのクレームブリュレ

RECIPE p.45

フレッシュなタラゴンのフルーティな香りに感動して、
「これを使ったプリンを作りたい」と思ったのがきっかけ。
アニスや桃のような甘い香りが広がるタラゴンは、
クリームとの相性が抜群なので
クレームブリュレに仕立ててみました。

43

パルメザンチーズの塩けがタラゴンを引き立てます。これにバニラアイスクリームをのせると、甘いとしょっぱいを同時に楽しめる極上のスイーツに変身。

タラゴンとチーズのクレームブリュレ

材 料（180mℓの耐熱容器3個分）
［プリン液］
クリームチーズ … 100g
パルメザンチーズ … 大さじ２
きび砂糖 … 40g
卵黄 … １個分
卵 … １個
生クリーム … 50g
牛乳 … 150g
タラゴンリーフ（ドライ）… 0.5g
タイム（ドライ）… ３ふり
グラニュー糖 … 小さじ３

下 準 備
・卵黄、卵は常温に戻す。
・オーブンは130℃に予熱する。

プリン液を作る → 焼く

1 ボウルにクリームチーズとパルメザンチーズ、きび砂糖を入れ、なめらかになるまでゴムべらで混ぜる ⓐ。卵黄を加え ⓑ、ホイッパーでよく混ぜる。卵を割り入れ、さらによく混ぜる。

2 鍋に生クリームと牛乳、タラゴンリーフ、タイムを入れて中火にかけ、ホイッパーで混ぜながら ⓒ 80℃くらい（鍋縁からぷつぷつと細かい泡が立つ）まで温める。火を止め、ふたをして10分蒸らす。

3 １に２を少しずつ加え ⓓ、そのつどホイッパーでよく混ぜ合わせる。メジャーカップに移し、耐熱容器に均等に注ぎ入れる ⓔ。

4 バットに移し、40℃くらいの湯を耐熱容器の高さ１cmまで注ぎ、130℃のオーブンで30分湯煎焼きにする。

5 バットから容器を取り出して粗熱をとり、１個ずつラップをして冷蔵庫で一晩冷やす。

6 食べるときに、冷蔵庫から取り出した５の表面にグラニュー糖を小さじ１ずつふり、バーナーで焦がす。

とろけるプリンブリュレ

全卵を使うことで、卵の風味が強く感じられる、
クレームブリュレよりもカスタード感が濃いプリンに。
焦がした部分のとろける食感とのコントラストを楽しんで。

材料（120mlの耐熱容器3個分）
[プリン液]
卵 … 1個
卵黄 … 1個分
きび砂糖 … 40g
ライススターチ（または片栗粉）
　　… 20g
バニラエッセンス … 10滴
塩 … ひとつまみ強
牛乳 … 200g
生クリーム … 50g
アマレット … 小さじ2
　粉ゼラチン … 5g
　水 … 30g
バター … 15g
ベリーソース（下記参照）… 適量
グラニュー糖 … 小さじ3

下準備
・粉ゼラチンは分量の水を加えて10
　分ほどふやかす。

プリン液を作る → 冷やし固める

1　ボウルに卵を割り入れ、卵黄、きび砂糖を加え、卵を溶きほぐすように
　　ホイッパーで混ぜる。ライススターチを加えてさらに混ぜ、バニラエッ
　　センス、塩を加え ⓑ、しっかりと混ぜ合わせる。

2　鍋に牛乳と生クリームを入れて中火にかけ、ホイッパーで混ぜながら
　　60℃くらいまで温める。

3　2の半量を1に少しずつ加え ⓒ、そのつどゴムべらでよく混ぜ合わせ
　　る。2の鍋に戻して中火にかけ、アマレット、ふやかしたゼラチン、バ
　　ターを加えてゴムべらで混ぜながら加熱する。鍋肌にダマができ始めた
　　ら火を弱め、混ぜながらクリーム状になるまでさらに加熱し、火を止め
　　る。

4　耐熱容器に均等に注ぎ入れ、全体にふんわりとラップをし ⓓ、粗熱が
　　とれたら冷蔵庫で3時間以上冷やし固める。

5　皿にベリーソースを均等に注ぎ入れ、冷蔵庫から取り出した4の型の縁
　　にへらを差し込んでプリンを取り出し、皿に盛る。上にグラニュー糖を
　　小さじ1ずつふって、バーナーで焦がす。

ベリーソース

材料（60g分）
水 … 30g
グラニュー糖 … 30g
冷凍ミックスベリー … 30g
アマレット … 小さじ1

1　鍋に分量の水とグラニュー糖を入
　　れ、弱火にかける。沸騰して砂糖
　　がすべて溶けたら、冷凍ミックス
　　ベリーを加える。鍋をゆすりなが
　　ら加熱し、解凍したら火を止める。

2　ハンドブレンダーでベリーを粉砕
　　する ⓐ。茶こしで皮や種などの
　　固形物をこし、鍋に戻して弱火に
　　かける。アマレットを加えてひと
　　混ぜし、沸騰したら火を止める。

3　保存容器に移し、粗熱がとれたら
　　冷蔵庫で冷やす。

　　＊冷蔵で約1週間保存可能。

48

チェリーブロッサムプリン

ズブロッカとトンカ豆をマリアージュさせた、桜のような風味が特徴のプリン。
トンカ豆の代わりにアーモンドエッセンス数滴を使うと、
杏仁（きょうにん）のような香りがほんのりと広がり、また違ったおいしさを楽しめます。

材 料（200mlの耐熱容器3個分）
[カラメル]
グラニュー糖 … 30g
水 … 小さじ1
湯 … 大さじ1と1/2

[プリン液]
ホワイトチョコレート … 50g
練乳 … 50g
グラニュー糖 … 20g
卵黄 … 1個分
卵 … 2個
ズブロッカ … 大さじ1
牛乳 … 150g
トンカ豆 … 1粒

下 準 備
・卵黄、卵は常温に戻す。
・トンカ豆は包丁で粗く刻む。
・オーブンは140℃に予熱する。

カラメルを作る

1 p.18の作り方1〜6と同様にして、カラメルを作り耐熱容器に注ぎ入れる。

＊鍋は4で使うので洗わずそのままでOK。

プリン液を作る → 焼く → 盛る

2 ボウルにホワイトチョコレート、練乳、グラニュー糖を入れて湯煎にかける。ゴムべらで混ぜながら、ホワイトチョコレートが溶けて50℃になるまで温め、火から下ろす。

3 卵黄を加え、ホイッパーでしっかりと混ぜ合わせる。さらに卵を1個ずつ割り入れ、そのつどホイッパーで混ぜ合わせ、ズブロッカを加えて混ぜ、よくなじませる。

4 1の鍋に牛乳と刻んだトンカ豆を入れて中火にかけ、80℃（鍋縁からぷつぷつと細かい泡が立つ）まで温め、火を止める。ふたをして15分蒸らす。

5 3に4を少しずつ加え、そのつどホイッパーでよく混ぜ合わせる。茶こしでメジャーカップなどにこし入れ、1に均等に注ぎ入れる。

6 バットに移し、40℃くらいの湯を耐熱容器の高さ1cmまで注ぎ、140℃のオーブンで30分湯煎焼きにする。バットから容器を取り出して粗熱をとり、1個ずつラップをして冷蔵庫で一晩冷やす。

7 p.19の作り方16〜18と同様にして、型からはずし皿に盛る。

ココナッツとクミンのプリン

台湾で「グリーンカレーホワイトチョコレート」に出合い、
カレー×甘いものの、驚きのおいしさをプリンで表現しました。
ココナッツが陰の立役者となり、味と香りをまとめてくれます。

材料（200mℓの耐熱容器3個分）

［ カラメル ］
グラニュー糖 … 25g
水 … 小さじ1
湯 … 大さじ1と1/2
カルダモンパウダー … ひとつまみ

［ プリン液 ］
水 … 150g
レモングラス … 0.5g
カルダモンパウダー … ひとつまみ
ココナッツミルクパウダー … 15g
卵 … 2個
練乳 … 60g
クミンパウダー
　… 小さじ1/4（約0.5g）

生クリーム（好みで）… 適量
グラニュー糖（好みで）… 適量

下準備
・卵は常温に戻す。
・オーブンは140℃に予熱する。
・好みで生クリームにグラニュー糖を
　加え、8分立てにホイップする。
＊生クリーム100gにつき、グラニュー糖の
　分量は6gが目安。

カラメルを作る

1　p.18の作り方1〜6と同様にして、カラメルを作り耐熱容器に注ぎ入れる。ただし、作り方3で分量の湯とともにカルダモンパウダーを加える。
＊鍋は2で使うので洗わずそのままでOK。

プリン液を作る → 焼く → 盛る

2　1の鍋に分量の水を入れ、レモングラスとカルダモンパウダーを加えて ⓐ 中火にかけ、沸騰したら火を止める。ふたをして10分蒸らし、ココナッツミルクパウダーを加えてホイッパーで混ぜる。

3　ボウルに卵を割り入れ、練乳、クミンパウダーを加え ⓑ、ホイッパーでよく混ぜる。

4　3に2を少しずつ加え ⓒ、そのつどホイッパーでよく混ぜる。茶こしでメジャーカップなどにこし入れ ⓓ、1に均等に注ぎ入れる ⓔ。

5　バットに移し、40℃くらいの湯を耐熱容器の高さ1cmまで注ぎ、140℃のオーブンで30分湯煎焼きにする。バットから容器を取り出して粗熱をとり、1個ずつラップをして冷蔵庫で一晩冷やす。

6　p.19の作り方16〜18と同様にして、型からはずし皿に盛り、好みで準備したホイップクリームをのせる。

レンジでチョコプディング

レンジでチン！するだけの、いちばん簡単なプディング。
オーブンがない、湯煎焼きが面倒、という方におすすめしたい、
チョコレートケーキのようなスイーツです。

材料（250mℓの耐熱容器2個分）

［ **プリン液** ］

卵 … 1個

グラニュー糖 … 30g

バター … 20g

A

　｜小麦粉 … 20g

　｜アーモンドパウダー … 30g

　｜ココアパウダー … 25g

　｜ブラックココア … 5g

牛乳 … 20g

ホワイトチョコレート … 40g

バニラアイスクリーム（好みで）

　… 適量

下準備

・卵は常温に戻す。

・バターは電子レンジで様子を見なが
　ら20〜30秒加熱して溶かす。

＊かたまりが残っていたら、ゴムべらで混
　ぜて溶かす。

・Aはホイッパーで軽く混ぜ合わせる。

・ホワイトチョコレートは粗く刻む。

プリン液を作る → レンジで加熱する

1 ボウルに卵を割り入れ、グラニュー糖を加え ⓐ、ホイッパーで卵のコ
シを切るように混ぜる。溶かしたバターを加え ⓑ、ホイッパーでさら
に混ぜる。混ぜ合わせたAを一度に加え ⓒ、ゴムべらでしっかりと混
ぜ合わせる。

2 牛乳を加え ⓓ、ゴムべらでなじませるように混ぜる。刻んだホワイト
チョコレートを加え ⓔ、ゴムべらでさっくりと混ぜ合わせる。

3 耐熱容器に均等に入れ、容器を軽くたたいて生地を平らにする ⓕ。

4 1個ずつ、電子レンジで50秒加熱する ⓖ。好みでバニラアイスクリー
ムをのせる。

＊冷めるとかたくなるので、あつあつのうちにいただく。

スティッキートフィープディング

デーツをふんだんに使った生地に、
トフィーソースをたっぷりとかけて食べる、
イギリスの伝統菓子。
シナモンやスパイスの香りが立ち、絶品です。
焼きたてを召し上がれ！

材料（200mlの耐熱容器4個分）

[トフィーソース]

きび砂糖 … 75g

バター … 20g

生クリーム … 100g

[**プディング生地**]

デーツ … 100g

湯 … 75g

重曹 … 小さじ1/2

バター … 35g

黒糖 … 60g

卵 … 1個

バニラエッセンス … 5滴

はちみつ … 大さじ1

シナモンパウダー
　… 小さじ1/2

ナツメグパウダー
　… 小さじ1/8（約0.2g）

クローブパウダー
　… 小さじ1/8（約0.2g）

中力粉 … 80g

＊強力粉40g、薄力粉40gを合わせ
たもので代用可。

牛乳 … 40g

下準備

・卵、プディング生地のバター
はともに常温に戻す。

・デーツは包丁で粗く刻む ⓐ。

・中力粉はホイッパーで軽く混
ぜる。

・オーブンに天板を入れ、160
℃に予熱する。

トフィーソースを作る

1 鍋にトフィーソースの材料をすべて入れ、中火に
かける。ゴムべらで混ぜながら加熱し、沸騰した
ら弱火にして2分ほど煮詰め ⓑ 火を止める。粗
熱をとり、保存容器に移してラップをし、常温で
保管する。

＊出来上がり量は約180g。

プディング生地を作る → 焼く → 盛る

2 ボウルにデーツを入れ、分量の湯を注ぐ。重曹
を加えて ⓒ 軽く混ぜ、30分ふやかす。

3 ハンドブレンダーで攪拌して ⓓ ペースト状に
する。

4 ボウルにバターと黒糖を入れ、なめらかなクリ
ーム状になるまでゴムべらで混ぜる。卵を割
り入れ ⓔ、ホイッパーでしっかりと混ぜ合わ
せる。バニラエッセンス、はちみつを加え ⓕ、
ホイッパーで混ぜ合わせる。

5 4に3を加えてゴムべらで混ぜ、シナモンパウ
ダー、ナツメグパウダー、クローブパウダーを
加え ⓖ、さらにしっかりと混ぜ合わせる。

6 混ぜた中力粉の1/3量を加え、ゴムべらでさっ
くりと混ぜ、牛乳半量を加えてさらに混ぜる。
これをもう一度繰り返し、最後に残りの中力粉
を加え、さっくりと混ぜる ⓗ。

7 耐熱容器に1を小さじ2ずつ入れ、6を均等に
入れる ⓘ。天板に並べ、160℃のオーブンで
20〜25分焼く。

8 オーブンから取り出し、やけどに気をつけなが
ら容器の縁にへらを差し込み、取り出して皿に
盛る ⓙ。

＊取り出したさいに上部が盛り上がっている場合は、
スプーンの背などで押さえて平らにする。

9 上から残りの1を均等にかける ⓚ。

＊すぐに食べない場合は、型に入れたまま熱いうちに
トフィーソースを大さじ1ずつかけ ⓛ、竹串で生
地に穴を数か所あけて1個ずつラップをし、粗熱を
とる。こうすることでしっとりと仕上がる。

a

b

c

d

e

f

g

h

i

j

k

l

column

スティッキートフィープディングのおいしい食べ方

も。けん的おすすめの食べ方を紹介します。
好みのままに甘〜いプリンを味わい尽くしてください。

● シナモンスティックでいぶして

シナモンスティックに火をつけて、プディングの上にのせて。シナモンから立ちのぼる煙が目にもおいしく、空間全体にただよう香りも、優美さを演出します。

● 岩塩を添えて

デーツ、黒糖、トフィーソースの強い甘みに塩味をプラス。口の中で塩が溶けていくときに、ぐっと味がひきしまって、いっそうおいしく感じられます。

● アイスクリームを添えて

冷たいアイスクリームと温かいプディングの、口当たりのコントラストがおいしい食べ方。バニラアイスクリームがおすすめです。

● アイスクリーム & 追いトフィーソース

濃厚で甘いスイーツがお好きな方に。トフィーソースの代わりに、温めた生クリームをかけてもおいしいです。

Special
pudding

レイヤーを楽しむプリンケーキ

プリンの上にケーキ生地をのせて焼く、プリンケーキ。
1章でご紹介したプリン4種を、
プリンケーキにアレンジしてみました。
いつものプリンが一気によそゆき顔になる、
おいしいレイヤーを楽しんで！

ミルキープリンカステラ

ミルキープリンと一緒にカステラを焼き上げるだけで、
プリンケーキに変身。簡単なのに、特別感のあるスイーツに。
カステラの甘さと香ばしさが、食欲をそそります。

材料（200mlの耐熱容器4個分）
ミルキープリン（p.18）の材料 … 全量

[カステラ生地]
卵 … 1個
きび砂糖 … 30g
みりん … 大さじ1/2
はちみつ … 大さじ1/2
サラダ油 … 大さじ1/2
強力粉 … 30g

下準備
・卵は卵黄と卵白に分ける。
・強力粉はホイッパーで軽く混ぜる。
・オーブンは140℃に予熱する。

カラメルとプリン液を作る

1　ミルキープリンの下準備および作り方1〜13と同様にして、カラメルとプリン液を作り、耐熱容器に均等に注ぎ入れる。

カステラ生地を作る

2　ボウルに準備した卵白を入れ、ホイッパーで泡立てる。きび砂糖を3回に分けて加え、そのつどしっかりと泡立ててつやのあるメレンゲを作る ⓐ。

3　準備した卵黄を加え ⓑ、ホイッパーでしっかりと混ぜ合わせ、みりん、はちみつ、サラダ油を加えてよく混ぜる。混ぜた強力粉を3回に分けて加え ⓒ、そのつどゴムべらで底からすくうように混ぜ合わせる。ホイッパーで生地を持ち上げたときに、リボン状にあとが残れば混ぜ終わり。

レイヤーにして焼く → 盛る

4　1の上に3をアイスクリームディッシャー（または大きめのスプーン）で均等にのせる ⓓ。

5　バットに移し、40℃くらいの湯を耐熱容器の高さ1cmまで注ぎ、140℃のオーブンで30〜35分湯煎焼きにする。

6　バットから容器を取り出して網に置き ⓔ、容器の縁をスプーンで軽くたたく。粗熱がとれたら1個ずつラップをして、冷蔵庫で一晩冷やす。

＊衝撃を与えることで、生地が縮むのをおさえられる。

7　p.19の作り方16〜18と同様にして、型からはずし皿に盛る。

チョコプリンケーキ

ブラックココアとクリームチーズを使った濃厚なチョコプリンに、
ココア風味のスポンジ生地を重ねた、2層仕立てのケーキ。
ベルベットのように優美で、なめらかな口当たりにうっとり。

材料（200mℓの耐熱容器3個分）
ラズベリーチョコプリン（p.21）の
　材料 … 全量

［ケーキ生地］
卵 … 1個
サラダ油 … 20g
グラニュー糖 … 30g
食用色素（赤）… 少々
A
　中力粉 … 20g
　重曹 … 1g
　アーモンドパウダー … 10g
　ココアパウダー … 2g

下準備
・Aはホイッパーで軽く混ぜ合わせる。
・オーブンは140℃に予熱する。

カラメルとプリン液を作る

1 ラズベリーチョコプリンの下準備および作り方1〜4と同様にして、カ
ラメルとプリン液を作り、耐熱容器に均等に注ぎ入れる。

ケーキ生地を作る

2 ボウルに卵を割り入れ、ハンドミキサーで軽くほぐし、サラダ油を少し
ずつ加える ⓐ。そのつどハンドミキサーの高速で混ぜ、卵がもったり
と白っぽくなるまでしっかり乳化させる。

3 グラニュー糖、食用色素を加え、砂糖が溶けるまでハンドミキサーの高
速で混ぜる ⓑ。混ぜ合わせたAを加え、ゴムべらで底からすくうよう
に混ぜ合わせる ⓒ。ホイッパーで生地を持ち上げたときに、リボン状
にあとが残れば混ぜ終わり。

レイヤーにして焼く → 盛る

4 1の上に3をスプーンで均等にのせる ⓓ。

5 バットに移し、40℃くらいの湯を耐熱容器の高さ1cmまで注ぎ、140℃
のオーブンで30分ほど湯煎焼きにする。バットから容器を取り出して
粗熱をとり、1個ずつラップをして冷蔵庫で一晩冷やす。

6 p.19の作り方16〜18と同様にして、型からはずし皿に盛る。

直径10×高さ4.5cmのミニエンゼルフード
型3個で焼くと、雰囲気もガラリと変わり
ます。材料の分量、オーブンの温度、焼き
時間ともに、同様にして作れます。ケーキ
生地があまったら、プリンカップなどに入
れてプリンケーキといっしょに焼いても。

ⓐ ⓑ ⓒ ⓓ

アボカドプリンケーキ

さわやかな風味のアボカドプリンに、濃厚な味わいの
スフレチーズケーキを組み合わせました。
アボカドプリンにもクリームチーズを使っているから、
上下のレイヤーで、異なるこっくり感を楽しめます。

材料（200mℓの耐熱容器3個分）
アボカドプリン（p.23）の材料
　… 全量

[**スフレチーズケーキ**]
クリームチーズ … 60g
卵 … 1個
コーンスターチ … 2g
薄力粉 … 2g
レモン汁 … 15g
レモンゼスト（レモンの皮の
　すりおろし）… 1/2個分
グラニュー糖 … 30g

下 準 備
・クリームチーズは常温に戻す。
・卵は常温に戻し、卵黄と卵白に分け
　る。
・薄力粉はホイッパーで軽く混ぜる。
・オーブンは140℃に予熱する。

カラメルとプリン液を作る

1　アボカドプリンの下準備および作り方1〜3と同様にして、カラメルと
　　　プリン液を作り、耐熱容器に均等に注ぎ入れる。

スフレチーズケーキを作る

2　ボウルにクリームチーズを入れ、ゴムべらで混ぜてなめらかにする ⓐ。

3　準備した卵黄を加え、ホイッパーでしっかりと混ぜ合わせ、コーンスタ
　　　ーチ、混ぜた薄力粉を加え、さらにしっかりと混ぜ合わせる。レモン汁
　　　とレモンゼストを加えて混ぜ ⓑ、なじませる。

4　別の大きめなボウルに準備した卵白を入れ、ハンドミキサーの高速で、
　　　全体が白っぽくなり大きな泡ができるまで攪拌する。グラニュー糖を3
　　　回に分けて加え、そのつどしっかりと攪拌し、つやが出てもったりとし
　　　たら低速に変えて30秒ほど攪拌し、キメを整える ⓒ。

5　4の1/3量を3に加え、ゴムべらでしっかりと混ぜ合わせる ⓓ。4に戻
　　　して ⓔ、ゴムべらで底からすくうようにやさしく混ぜ合わせる。

レイヤーにして焼く → 盛る

6　1の上に5をスプーンで均等にのせる ⓕ。

7　バットに移し、40℃くらいの湯を耐熱容器の高さ1cmまで注ぎ、140℃
　　　のオーブンで30分ほど湯煎焼きにする。バットから容器を取り出して
　　　粗熱をとり、1個ずつラップをして冷蔵庫で一晩冷やす。

8　p.19の作り方16〜18と同様にして、型からはずし皿に盛る。

レモンチーズプリンケーキ

レモンをきかせたスフレチーズケーキは、
「ミルキープリン」や
「ココナッツとクミンのプリン」と合わせて
焼いてもおいしいです。
好みのプリンと組み合わせれば、
アレンジは無限大。

材料（200mℓの耐熱容器3個分）
レモンチーズプリン（p.25）の材料
　… 全量

[**スフレチーズケーキ**]
スフレチーズケーキ（p.63）の材料
　… 全量

下 準 備
・オーブンは140℃に予熱する。

カラメルとプリン液を作る

1　レモンチーズプリンの下準備および作り方1〜3と同様にして、カラメルとプリン液を作り、耐熱容器に均等に注ぎ入れる。

スフレチーズケーキを作る

2　スフレチーズケーキの下準備および作り方2〜5と同様にして、生地を作る。

レイヤーにして焼く → 盛る

3　1の上に2をスプーンで均等にのせる。

4　バットに移し、40℃くらいの湯を耐熱容器の高さ1cmまで注ぎ、140℃のオーブンで30分ほど湯煎焼きにする。バットから容器を取り出して粗熱をとり、1個ずつラップをして冷蔵庫で一晩冷やす。

5　p.19の作り方16〜18と同様にして、型からはずし皿に盛る。

2

プリンなお菓子

バスクチーズケーキ、フラン、クラフティなどの欧風菓子から、
白玉だんご、わらび餅などの和風菓子まで、プリン風味にアレンジ！
オーブンいらずで作れるふだんの日のおやつや
プレゼントにもなる「ハレの日」スイーツなど、
12種類の「プリンなお菓子」をご紹介します。

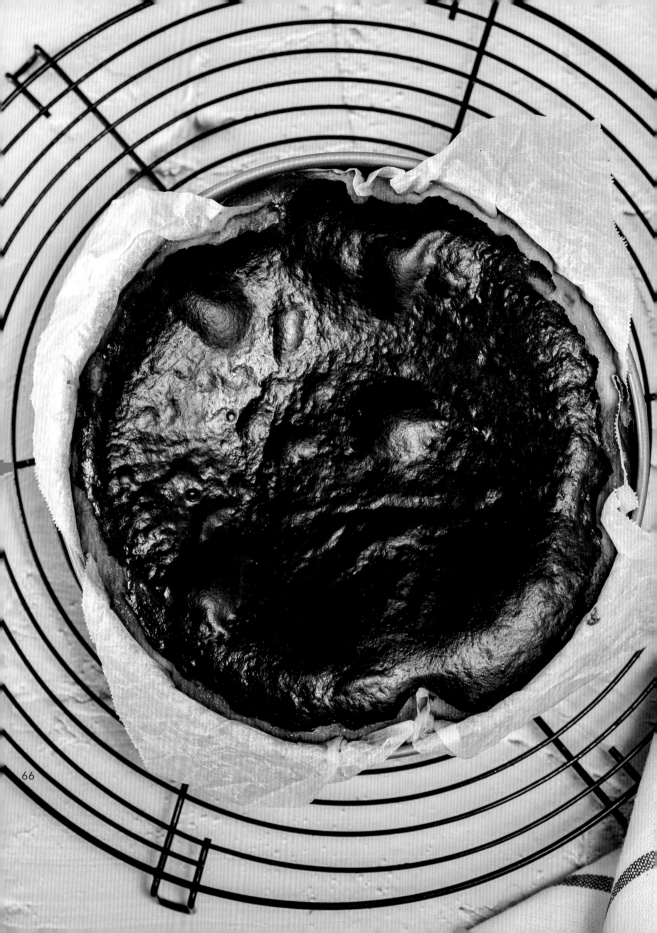

プリンなバスクチーズケーキ

RECIPE p.68

バニラとカラメル生地のマーブル模様が美しい、
プリン風バスクチーズケーキ。マーブル模様をきれいに作るコツは、
カラメル生地を2〜3回に分けて注ぎ、大きく混ぜること。
混ぜたときに、きれいなマーブル模様が出やすくなります。

プリンなバスクチーズケーキ

材 料（直径18cmの底取れ丸型1台分）
クリームチーズ … 600g
卵黄 … 2個分
卵 … 3個
プレーンヨーグルト … 100g
薄力粉 … 大さじ2
生クリーム … 220g
バニラビーンズ … 1本
グラニュー糖 … 70g+80g+30g
バニラエッセンス … 10滴
バター … 20g

下 準 備
・クリームチーズは常温に戻す。
・卵黄と卵はそれぞれ常温に戻し、卵は溶きほぐす。それぞれ計量して、卵黄と
　卵の合計の重さが195gになるよう調整する。
　＊重さの微調整は、卵黄を用意するときに残った卵白で行うとやりやすい。
・薄力粉はホイッパーで軽く混ぜる。
・生クリームは、5で使う半量分を耐熱のメジャーカップに入れる。
・バニラビーンズはさやに縦に切り目を入れ、包丁の背で種をこそげ取る。
　＊さやはとっておく。
・グラニュー糖はそれぞれの分量を器に入れる。
・型のサイズに合わせてオーブンシートを切り出し、くしゃくしゃに丸めて広げ、
　型に敷く。
・オーブンは250℃に予熱する。

1 ボウルにクリームチーズと卵黄を入れ、ハンドブレンダーで混ぜてなじませる。準備した溶き卵を1/3量ずつ加え、そのつど撹拌する。

2 なめらかなクリーム状になったら、プレーンヨーグルトを加えてさらに混ぜる。混ぜた薄力粉を加え、ゴムべらに持ち替えて粉っぽさがなくなるまで混ぜ合わせ、それぞれボウルに2/3量（A）と1/3量（B）に分ける。

3 鍋に生クリーム半量を入れ、こそげ取ったバニラビーンズとさやを加え、中火にかける。沸騰直前まで温めたら火を止め、ふたをして10分蒸らす。鍋底を冷水につけてへらで混ぜながら常温まで冷まし、バニラビーンズのさやを取り除く。メジャーカップなど注ぎ口のある容器に移す。

4 2のAのボウルにグラニュー糖70gを加え、ゴムべらでよく混ぜ合わせ、3を少しずつ加えてそのつど混ぜる。バニラエッセンスを加えて混ぜ、9で使うまでそのままおく。

5 鍋にグラニュー糖80gを入れ、中火にかけてゆすりながら加熱する。その間に、メジャーカップに入れた生クリームを電子レンジで様子を見ながら1分30秒ほど加熱し、80℃くらいまで温める。

6 グラニュー糖が琥珀色に色づいたら火を止め（220℃くらい）、絶えずへらで混ぜながら、5で温めた生クリームを少しずつ加える。

＊生クリームを加えるさいは、水蒸気や吹きこぼれに注意。

7 バターとグラニュー糖30gを加え、ゴムべらで混ぜて溶かし、鍋底を冷水につけて50℃くらいまで冷ます。

8 2のBのボウルに7を加え、ゴムべらでよく混ぜ合わせる。

9 型に4と8を交互に2〜3回に分けて流し入れ、最後にへらで大きく混ぜてマーブル状にする。

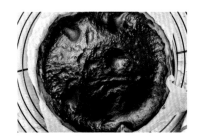

10 250℃のオーブンで10分焼き、温度を230℃に下げてさらに35分焼く。型ごと取り出して網の上におき、粗熱がとれたら型からはずしてオーブンシートをはがし、食べやすく切る。

＊冷蔵庫で冷やして食べてもおいしい。

フランパティシエール

RECIPE p.72

フランスへ旅行に行ったときに出合った、フランス版プリン。
サクサクとした食感のタルト生地のバター風味と、
カスタードの卵風味がベストマッチで、感動ものでした。
タルト生地の「シュクレ」は、フランス語で「甘い」の意。
コーヒーなどのビターな飲み物と合わせて、お楽しみください。

フランパティシエール

材料（直径18cmの丸型1台分）

[**パートシュクレ**]
バター … 100g
粉糖 … 50g
卵 … 1個
塩 … ひとつまみ

A
薄力粉 … 200g
アーモンドプードル … 30g

[**アパレイユ**]
卵 … 3個
卵黄 … 3個分
グラニュー糖 … 150g
ライススターチ（または片栗粉）… 60g
バニラエッセンス … 10滴

塩 … ふたつまみ
牛乳 … 500g
生クリーム … 150g
バニラビーンズ … 1/2本
バター … 30g

パートシュクレを作る → 型に敷く

1 ボウルにバターと粉糖を入れ、ゴムべらで粉っぽさがなくなるまで混ぜ合わせる。

2 準備した溶き卵を3〜4回に分けて加え、そのつどゴムべらでしっかりと混ぜ合わせ、なじんだら塩を加えてさらに混ぜる。

3 混ぜ合わせたAを一度に加え、ゴムべらで切るように混ぜ合わせる。生地がそぼろ状になってきたら、へらで押さえるように混ぜてまとめる。

4 広げたラップの上に3の形を整えてのせ、ラップで包んで冷蔵庫で3時間ほど冷やす。

5 冷蔵庫から取り出し、ラップをはずしてオーブンシートにのせ、めん棒で30×30cmにのばす。

6 5に型をさかさにのせ、オーブンシートごとひっくり返して生地を型にのせ、シートをはがして生地を型の内側に沿わせるようにして入れていく。

7 均一の厚さになるように、手で押しながら型に生地を敷き詰め、生地の底にフォークで数か所穴をあける。型ごとラップをして冷蔵庫に入れる。

＊途中で生地がちぎれても、適当に貼りつけていけばOK。

下準備

・パートシュクレ用のバターと卵は常温に戻し、卵は溶きほぐす。

・Aはホイッパーで軽く混ぜ合わせる。

・アパレイユ用の卵と卵黄は、それぞれ常温に戻す。

・バニラビーンズはさやに縦に切り目を入れ、包丁の背で種をこそげ取る。

＊さやはとっておく。

・オーブンは220℃に予熱する。

アパレイユを作る → 焼く

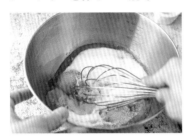

8 ボウルに卵を割り入れ、卵黄、グラニュー糖を加え、ホイッパーで溶きほぐすように混ぜる。

9 ライススターチを加えてさらに混ぜ、バニラエッセンス、塩を加え、しっかりと混ぜ合わせる。

10 鍋に牛乳、生クリーム、こそげ取ったバニラビーンズとさやを入れ、中火にかける。80℃くらい（鍋縁からぶつぶつと細かい泡が立つ）まで温めたら火を止め、ふたをして10分蒸らし、バニラビーンズのさやを取り除く。

11 9に10を少しずつ加え、そのつどホイッパーでしっかりと混ぜ合わせる。

12 鍋に11を移し入れて中火にかけ、ホイッパーで混ぜながら加熱する。鍋肌にダマができはじめたら火を弱め、混ぜながらクリーム状になるまでさらに加熱する。火を止めてバターを入れて溶かし、なじむまで混ぜ合わせる。

13 7を冷蔵庫から取り出してラップをはずし、12を流し入れる。パートシュクレ生地の縁を指で押し下げ、アパレイユと高さをそろえる。

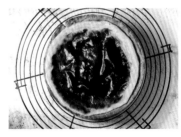

14 220℃のオーブンで5分焼き、温度を180℃に下げてさらに40分焼く。型ごと取り出して網の上におき、粗熱がとれたら皿をかぶせてひっくり返し、型からはずす。焼き色がついた面が上になるよう盛りなおし、食べやすく切る。

＊冷蔵庫で冷やして食べてもおいしい。

フランパティシエール - 黒ごま -

フランスでは、黒ごまを使ったスイーツをよく見かけたので、
「フランでも作ってみたい！」とレシピを考えました。
タルト生地にもたっぷりと黒ごまを使い、
香ばしく仕上げています。

材料（直径18cmの底取れ丸型1台分）

［ タルト生地 ］
ビスケット … 220g

*ここでは「MISURA 全粒粉ビスケット」
　を使用。

生クリーム … 45g
黒ごまペースト（右下参照） … 40g
卵 … 1個

［ アパレイユ ］
卵黄 … 3個分
薄力粉 … 30g
グラニュー糖 … 80g
黒ごまペースト（右下参照） … 100g
牛乳 … 440g
生クリーム … 60g
バニラビーンズペースト … 小さじ1
塩 … ふたつまみ

黒ごま（好みで） … 適量

下 準 備
・薄力粉はホイッパーで軽く混ぜる。
・オーブンは200℃に予熱する。

タルト生地を作る

1 フードプロセッサーにビスケットを粗めに砕いて入れ、粉状になるまで攪拌する。生クリーム、黒ごまペーストを加え、卵を割り入れてさらに攪拌し、ひとまとまりにする。

2 型に入れ、均一の厚さになるように、手で押しながら型に生地を敷き詰める。型ごとラップをして冷蔵庫に入れる。

アパレイユを作る

3 ボウルに卵黄と混ぜた薄力粉を入れ、ホイッパーで混ぜる。グラニュー糖半量を加えてよく混ぜ、黒ごまペーストを入れてさらに混ぜる。

4 鍋に牛乳、生クリーム、残りのグラニュー糖、バニラビーンズペースト、塩を入れて中火にかけ、70℃くらいまで温める。

5 4の半量を3に少しずつ加え、そのつどホイッパーで混ぜる。4の鍋に戻して中火にかけ、ホイッパーで混ぜながら加熱する。

6 沸騰して粘りけが出て、混ぜる手を止めると大きな泡がぼこっと出てくるようになったら、弱火にしてさらに3分混ぜ、火を止める。

*カスタードのコシが切れてさらっとした状態になる。

7 2を冷蔵庫から取り出してラップをはずし、6を流し入れ、好みで黒ごまをふる。

8 200℃のオーブンの温度を180℃に下げ、35分ほど焼く。型ごと取り出して網の上におき、粗熱がとれたら型からはずして食べやすく切る。

*冷蔵庫で冷やして食べてもおいしい。

黒ごまペースト

材料（140g分）
黒ごま … 150g
サラダ油 … 大さじ1

フードプロセッサーにすべての材料を入れ、なめらかなペースト状になるまで攪拌する。

クロワッサンのパンプディング

マルサラワインの芳醇な香りと、
キャラウェイシードのさわやかな風味がよく合う
ちょっと大人なパンプディング。
クロワッサンで作るから、表面はサクサク、中はしっとり。

材料（200mlの耐熱容器2個分）
クロワッサン … 4個（100g）
卵 … 1個
卵黄 … 1個分
グラニュー糖 … 20g
マルサラワイン … 15g
牛乳 … 150g
レーズン … 大さじ1
ドライクランベリー … 大さじ1
キャラウェイシード … 小さじ1/2
粉糖（好みで）… 適量

下準備
・オーブンは160℃に予熱する。

1 クロワッサンは食べやすい大きさに切る ⓐ。

2 ボウルに卵を割り入れ、卵黄、グラニュー糖を加え、ホイッパーで切るように混ぜる ⓑ。マルサラワイン、牛乳を加え ⓒ、さらに混ぜてメジャーカップなどに移す。

3 耐熱容器に1を均等に並べ入れ、上から2を均等に注ぎ入れる ⓓ。5分ほどおいてクロワッサンに卵液を吸わせ、クロワッサンの表面まで卵液につかるよう軽く手で押さえる。レーズン、ドライクランベリー、キャラウェイシードをそれぞれ均等にのせる ⓔ。

4 160℃のオーブンで20〜25分焼き、取り出して好みで粉糖をふる。

＊温かいうちにいただく。

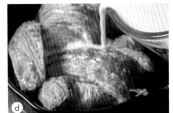

バナナのクラフティ

カスタード生地を耐熱容器に流し込んで、
オーブンで焼き上げるだけの簡単スイーツ。
たっぷりのカラメルをからめながらいただきます。

材料（1100mlの耐熱容器1台分）
［ カラメル ］
グラニュー糖 … 40g
水 … 小さじ1
湯 … 大さじ1
バター … 20g

［ プリン液 ］
卵 … 2個
グラニュー糖 … 20g
ラム酒 … 大さじ2
バナナ … 1本（100g）
薄力粉 … 20g
牛乳 … 200g

バナナ（仕上げ用）… 1本
粉糖（好みで）… 適量

下準備
・プリン液用のバナナは皮をむき、ぶ
　つ切りにする。
・薄力粉はホイッパーで軽く混ぜる。
・仕上げ用のバナナは皮をむき、縦半
　分に切る。
・オーブンは180℃に予熱する。

カラメルを作る

1 p.18の作り方1〜5と同様にして、カラメルを作る。

2 バターを加え、ゴムべらで混ぜて溶かし、熱いうちに耐熱容器に注ぎ入れる。

プリン液を作る → 焼く

3 ボウルに卵を割り入れ、グラニュー糖とラム酒を加え ⓐ、ホイッパーで混ぜ合わせる。

4 別のボウルにプリン液用のバナナを入れ、フォークで粗くつぶす ⓑ。混ぜた薄力粉を加え ⓒ、粉っぽさがなくなるまでゴムべらでしっかり混ぜ合わせる。牛乳を2回に分けて注ぎ入れ ⓓ、そのつどゴムべらで混ぜ合わせる。

5 3に4を少しずつ加え ⓔ、そのつどホイッパーで混ぜてなじませる。

6 2に5を注ぎ入れ、仕上げ用のバナナをのせる ⓕ。

7 180℃のオーブンで30〜35分焼く。取り出して網の上におき、粗熱をとる ⓖ。食べやすく切って皿に盛り、好みで粉糖をふり、耐熱容器の底に残ったカラメルをかける。

キャラメルプリンアイス

プリンの味わい方の幅が広がれば、
それだけ自由な発想ができます。
プリン味のアイス？
いや、もはやアイス味のプリンです。

材料（1390mlの耐冷容器1台分）

[カラメルソース]
グラニュー糖 … 40g
生クリーム … 30g
バター … 10g
塩 … ひとつまみ

[メレンゲ]
卵白 … 2個分
グラニュー糖 … 60g

[ホイップクリーム]
生クリーム … 200g

[カスタード]
卵黄 … 2個分
練乳 … 100g
牛乳 … 200g
スキムミルク … 15g
バニラビーンズペースト … 小さじ1
粉ゼラチン … 5g
水 … 25g

下準備
・カラメルソース用の生クリームは耐
　熱のメジャーカップに入れ、電子レ
　ンジで様子を見ながら1分30秒ほ
　ど加熱し、80℃くらいまで温める。
・ホイップクリーム用の生クリームは
　よく冷やす。
・粉ゼラチンは分量の水を加えて10
　分ほどふやかす。

カラメルソースを作る

1 鍋にグラニュー糖30gを入れ、弱火にかける。鍋の周辺からだんだん茶色く色づいてきたら、均等に色づくように鍋をゆすりながら加熱する。全体が濃い琥珀色になったら火を止め、温めた生クリームを加える。

＊生クリームを加えるさいは、水蒸気や吹きこぼれに注意。

2 水蒸気が落ち着いたらゴムべらでよく混ぜ、バターを加えて溶かす。残りのグラニュー糖と塩を加え、溶けるまでさらに混ぜ、耐熱の保存容器に移してふたをする。

＊鍋は6で使うので洗わずそのままでOK。

メレンゲを作る

3 大きめのボウルに卵白を入れ、ハンドミキサーの高速で泡立てる。グラニュー糖を3回に分けて加え、そのつど撹拌する。しっかりとした角が立ち、つやが出て10分立てになったら、ラップをして冷蔵庫に入れる。

ホイップクリームを作る

4 別のボウルによく冷やした生クリームを入れ、ハンドミキサーの高速で10分立てにし、ラップをして冷蔵庫に入れる。

カスタードを作る

5 ボウルに卵黄と練乳を入れ、ホイッパーでしっかりと混ぜ合わせる 。

6 2の鍋に牛乳、スキムミルクを入れて中火にかけ、スキムミルクが溶けるまでホイッパーで混ぜる。バニラビーンズペーストを加えて弱火にし、ゴムべらで混ぜながら80℃（鍋縁からぷつぷつと細かい泡が立つ）まで温める。火から下ろし、ふやかしたゼラチンを加えて  ゴムべらで混ぜて溶かす。

7 5に6を少しずつ加え 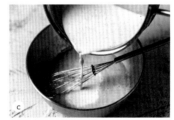、そのつどホイッパーでよく混ぜ合わせる。

8 ボウルの底を氷水に当て、とろみがしっかりつくまでホイッパーで混ぜながら冷やす 。

＊17℃くらいになると、とろみがつく。

9 冷蔵庫から取り出した3に8を2～3回に分けて加え、そのつどゴムべらで底からすくうように混ぜ合わせる 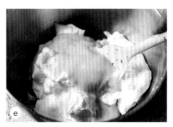。冷蔵庫から取り出した4を加え、泡をつぶさないように注意しながら、ゴムべらでボウルの底からすくうようにさっくりと混ぜ合わせる 。

10 耐冷容器に移し 、ふたをして冷凍庫で3時間冷やし固める。

11 冷凍庫から取り出してフォークでほぐし、2をスプーンでたらすようにかけて  冷凍庫で3時間以上冷やし固める。

＊フォークでほぐすさい、好みで2をかけて混ぜ込んでもおいしい。
＊混ぜすぎると、空気が抜けてふわふわ感が減るので注意。

ライスプディング

甘みと相性のよいもち米を合わせ、もちっとした食感の
ライスプディングに仕上げました。じつは、独特のクセが苦手だったのですが、
このレシピはすっきりおいしく、もりもり食べられます。

材料（220mlの保存容器3〜4個分）

もち米 … 45g
水 … 150g
アーモンドミルク（または牛乳）
　　… 250g
きび砂糖 … 25g
バニラビーンズペースト … 小さじ1
塩 … ひとつまみ
卵 … 1個

タイム（好みで）… 適量
カラメル（好みで／p.91参照）
　　… 適量

下準備

・もち米はよく洗い、たっぷりの水に
　30分浸し、ざるに上げて水けをき
　る。
・卵はボウルに割り入れ、溶きほぐす。

1 鍋に浸水させたもち米と分量の水を入れて ⓐ 中火にかけ、沸騰したら弱火にしてふたをし、8〜10分炊いて火を止める。
＊米の芯がなくなればOK。

2 1にアーモンドミルクときび砂糖、バニラビーンズペースト、塩を加え、再び中火にかける。焦げないように鍋底からゴムべらで混ぜながら加熱し、沸騰したら弱火にしてさらに10分ほど混ぜ、全体にとろみがついたら火を止める ⓑ。

3 準備した溶き卵に2を大さじ4加え、ゴムべらでよく混ぜ合わせる。2の鍋に戻し入れ ⓒ、ゴムべらで軽く混ぜ合わせる。

4 バットに移し、表面にぴったりとラップをして ⓓ 粗熱をとり、冷蔵庫で1時間以上冷やす。

5 冷蔵庫から取り出して器に盛り、好みでタイムを添え、カラメルをかける ⓔ。

ライスプディング　- 桜 -

桜風味のライスプディングって見たことないな。
でも桜餅があるくらいだからアリかな？　と作ってみました。
しょっぱくなりやすいので、桜の花はしっかり塩抜きをしてください。

材料（220mℓの保存容器3〜4個分）

もち米 … 45g
もち麦 … 10g
│ 桜の花の塩漬け … 5 g
│ 水 … 300g
アーモンドミルク（または牛乳）
　… 250g
きび砂糖 … 25g

桜の花の塩漬け（好みで／仕上げ用）
　… 3〜4輪

下準備

・もち米はよく洗い、たっぷりの水に
　30分浸し、ざるに上げて水けをき
　る。
・桜の花の塩漬けは分量の水に10分
　浸して塩抜きし ⓐ、水けをきる。
　塩抜きした水は150g分取っておく。

＊好みで仕上げ用に桜の花の塩漬けを使う
　場合、一緒に塩抜きをするとよい。

1 鍋に浸水させたもち米ともち麦、塩抜きした桜の花、取っておいた塩抜きした水150gを入れ ⓑ、中火にかける。沸騰したら弱火にしてふたをし、8〜10分炊いて火を止める。

＊米の芯がなくなればOK。

2 1にアーモンドミルクときび砂糖を加え、再び中火にかける。焦げないように鍋底からゴムべらで混ぜながら加熱し、沸騰したら弱火にしてさらに10分ほど混ぜ、全体にとろみがついたら火を止める ⓒ。

3 バットに移し、表面にぴったりとラップをして粗熱をとり、冷蔵庫で1時間以上冷やす。

4 冷蔵庫から取り出して器に盛り、好みで塩抜きした仕上げ用の桜の花を1輪のせる。

ライスプディング　- よもぎ -

もち米でライスプディングを作ったときに、
ふと「よもぎを入れてもおいしそう」と思いアレンジしました。
よもぎ独特の風味が、心地よく香ります。

材料（220mℓの保存容器3〜4個分）

もち米 … 45g
もち麦 … 10g
水 … 150g
アーモンドミルク（または牛乳）
　　… 250g
塩 … 1〜2つまみ
卵 … 1個
｜ よもぎ粉 … 4g
｜ 水 … 20g
きび砂糖 … 25g

枝つきレーズン（好みで）… 適量
アーモンドダイス（好みで）… 適量

下準備

・もち米はよく洗い、たっぷりの水に
　30分浸し、ざるに上げて水けをき
　る。
・よもぎ粉は分量の水に浸して10分
　ほどふやかす。
・卵はボウルに割り入れ、溶きほぐす。

1 鍋に浸水させたもち米ともち麦、分量の水を入れて中火にかけ ⓐ、沸騰したら弱火にしてふたをし、8〜10分炊いて火を止める。
＊米の芯がなくなればOK。

2 1にアーモンドミルクと塩を加え ⓑ、再び中火にかける。焦げないように鍋底からゴムべらで混ぜながら加熱し、沸騰したら弱火にしてさらに10分ほど混ぜ、全体にとろみがついたら火を止める。

3 準備した溶き卵にふやかしたよもぎ粉ときび砂糖を加え、ホイッパーでよく混ぜ合わせる ⓒ。

4 2を大さじ1加え ⓓ、ホイッパーで混ぜ合わせる。これをあと3回繰り返し、2を計大さじ4加える。

5 2の鍋に4を2回に分けて注ぎ入れ ⓔ、そのつどゴムべらでしっかりと混ぜ合わせる。

6 バットに移し、表面にぴったりとラップをして粗熱をとり、冷蔵庫で1時間以上冷やす。

7 冷蔵庫から取り出して器に盛り、好みで枝つきレーズンとアーモンドダイスをのせる。

プリンもち

プリンのようなわらび餅のようなスイーツ。
きな粉をまぶしたり、カラメルをかけたり、
好みで自由に楽しんでください。

材 料（約18×13×高さ2cmのバット1台分）
卵黄 … 2個分
きび砂糖 … 40g
ライススターチ（または片栗粉）
　… 70g
牛乳 … 300g
バニラエッセンス … 10滴
きな粉 …40g
グラニュー糖 …30g

下 準 備
・バットなどにきな粉とグラニュー糖
　を合わせて混ぜる。
・型用のバットよりもひと回り大きい
　バットを用意して、氷水を張る。

1 ボウルに卵黄ときび砂糖を入れ、ホイッパーでよく混ぜ合わせる。ライススターチを加え、なじむまでゴムべらで混ぜ合わせ ⓐ、牛乳を少しずつ加え、そのつどよく混ぜ合わせる。

2 鍋に1とバニラエッセンスを入れて中火にかけ、鍋底からへらで混ぜながら温める。鍋肌にダマができはじめたら素早く混ぜ、クリーム状になったら弱火にして、さらに2分ほど練って火を止める ⓑ。

3 型用のバットに移し、素早く広げて表面を平らにならす。準備した氷水にバットの底を当てて10分ほど冷ます ⓒ。

4 型用のバットから取り出して好みの大きさに切り、混ぜ合わせたきな粉とグラニュー糖に加える ⓓ。まんべんなくまぶして ⓔ 器に盛る。

＊好みでカラメル（p.91参照）をかけてもおいしい。

プリン白玉

白玉とプリンを一緒に食べられたらどんなに幸せだろうか！
その夢を叶えたくて作りました。あんこと合わせたり、
缶詰のチェリーなど好きなフルーツを盛っても。

材料（3人分）
[カラメル]
グラニュー糖 … 25g＋10g
湯 … 大さじ 2 と1/2
バニラエッセンス … 数滴

[白玉]
水 … 90g
卵黄 … 1個分
A
 │ 白玉粉 … 130g
 │ きび砂糖 … 30g
バニラエッセンス … 5滴

岩塩（好みで）… 少々
あんこ（好みで）… 適量
チェリー（好みで）… 適量

下準備
・Aは合わせて混ぜる。

カラメルを作る

1 鍋にグラニュー糖25gを入れ、弱火にかける。周辺からだんだん茶色く色づいてきたら、均一に色づくように鍋をゆすりながら加熱する。全体に濃い琥珀色に色づいたら分量の湯を加え、鍋をゆすって全体になじませ火を止める。

 ＊鍋の底にどろっとしたカラメルがたまっている場合は、ゴムべらで均一の濃度になるようにしっかりと混ぜ合わせる。

2 グラニュー糖10gを加え 、ゴムべらで溶けるまで混ぜる。バニラエッセンスを加えてなじむように混ぜ、メジャーカップなどに移して冷ます。

 ＊冷めたときにかたいようなら、水少々を加えてのばす。

白玉を作る → 盛る

3 ボウルに分量の水と卵黄を入れ、ホイッパーで混ぜる。

4 別のボウルに混ぜ合わせたAを入れ、3の半量を加え、ゴムべらで混ぜてそぼろ状にする。残りの3をさらに2等分し、半量を加えて手でこね、残りの3は少しずつ加えてこねながら、耳たぶくらいのかたさに調整する 。バニラエッセンスを加えて なじむように混ぜ、9等分にして手で丸める

5 鍋に湯を沸かして4を入れ、浮いてからさらに5分ゆで 、水にとる。

6 水けをきって器に盛り、2をかける 。好みで岩塩をふり、あんことチェリーを添える。

カラメルプリンパイ

カラメルをきかせたカスタードをパイ生地で包んだら、
至福のプリンスイーツの完成！
あつあつのパイを、バニラアイスといっしょにどうぞ！

材料（10×7.5cmのパイ2個分）

[プリン液]
卵 … 1個
練乳 … 30g
ライススターチ（または片栗粉）… 10g
塩 … ひとつまみ
バニラエッセンス … 5滴
ラム酒 … 小さじ1

[カラメル]
グラニュー糖 … 20g
牛乳 … 100g

パイシート（11×18cm）… 1枚
揚げ油 … 適量
粉糖（好みで）… 適量
バニラアイスクリーム（好みで）… 適量

下準備
・牛乳は耐熱のメジャーカップに入
　れ、電子レンジで様子を見ながら1
　分30秒ほど加熱し、80℃くらいま
　で温める。

プリン液を作る

1　ボウルに卵を割り入れて練乳を加え、卵を溶き
　　ほぐすようにホイッパーで混ぜ、ライススター
　　チを加えてさらに混ぜる ⓐ。

2　塩、バニラエッセンス、ラム酒を加え ⓑ、ホ
　　イッパーで混ぜてなじませる。

カラメルを作る

3 鍋にグラニュー糖を入れ、弱火にかける。周辺からだんだん茶色く色づいてきたら、均一に色づくように鍋をゆすりながら加熱する。全体に濃い琥珀色に色づいたら ⓒ 火を止める。

4 温めた牛乳を少しずつ加え、そのつどゴムべらで混ぜる ⓓ。

5 2に4を少しずつ加え ⓔ、そのつどホイッパーでよく混ぜ合わせる。

6 4の鍋に5を戻し入れ、弱火にかける。鍋底や縁から固まってくるので、ゴムべらでこそげ取りながらしっかりと混ぜ合わせる ⓕ。クリーム状になったら火を止め、やけどに気をつけて熱いうちに耐熱ボウルに裏ごしする。

7 平らに整え、表面にぴったりとラップをして ⓖ 粗熱をとり、冷蔵庫に入れる。

成型して焼く → 盛る

8 パイシートに打ち粉適量（強力粉／分量外）をして、めん棒で15×20cmほどにのばし ⓗ、2等分に切り分ける。

9 冷蔵庫から取り出した7のラップをはずし、8の上に半量のせる ⓘ。パイシートを半分に折り、三辺の縁をフォークでおさえてしっかりと合わせめを閉じる ⓙ。これをもう1個作る。

10 鍋に揚げ油を入れて170℃に熱し、9を両面がこんがりと色づくまで揚げる ⓚ。網に上げて油をきり、粗熱をとる ⓛ。

11 器に盛り、好みで粉糖をふり、バニラアイクリームを添える。

おいしいプリン作りの Q & A

簡単に作れることもプリンの魅力ですが、美しくおいしく作ろうとすると、
なかなか難しいもの。よくあるお悩みに、も。けんがお答えします！

Q
カラメルが固まってしまい、
適度にゆるく作れません

A
カラメルがかたくなってしまったら、
湯を加えてなじませます

様子を見ながら小さじ1くらいずつ湯を足して、粘度を調節してください。カラメルと湯がなじみきるまで火を入れていると、水分が蒸発してしまうので、あまり煮詰めないようにするのもポイントです。

Q
「す」が入ってしまいます

A
アルミホイルをのせて、
火の入りをおだやかにして

プリンにポコポコとした穴があく「す」が気になる方は、アルミホイルをのせて、ゆっくり火を入れてください。ほかには、オーブンの温度を下げて、焼き時間をのばす方法もあります。

Q
プリン生地が固まりません

A
焼き加減を確かめて、
焼き時間をのばしてください

焼き加減を確かめる方法は、2つあります。1つは、耐熱の手袋をはめてプリンの容器を持って軽くたたきます。プリンがしっかり固まると、ブルンという振動が器全体に伝わります。もう1つは、水で軽くぬらしたスプーンでプリンの表面を押さえます。弾力があれば焼けているサイン。

Q
表面に焼き色が入ってしまいます

A
アルミホイルをかぶせて
焼いてください

プリン液を作るときに泡立てすぎてしまうと、泡の部分に火がとおりやすいため焦げやすくなってしまいます。焼く前に、スプーンでていねいに泡を取り除くことが大切です。オーブンのクセでプリンの表面が焼けすぎてしまう場合は、アルミホイルをかぶせて、ゆっくり火を入れてみてください。

Q 型からきれいにはずせません

A 型とプリンの間に空気を入れると取り出しやすくなります

この本で紹介している焼き方は表面が乾燥しやすく、型の縁に生地がこびりつきやすいため、生地を引きはがすように型の縁からペティナイフを入れ、型とプリンの間に空気を入れるとつるっと取り出せます。ミルキープリンなど生地がやわらかいプリンは型からはずしにくいので、上記の方法で取り出してみてください（p.19の作り方16〜18も参照）。

プリン小話

日本のプリンは、カスタードを"プリン（pudding）"したものです。
1872年に「ポッディング」として西洋料理通の間で話題になり、西洋料理指南の
レシピ本に登場しました。そのレシピは、卵黄3個、牛乳90㎖、砂糖20gという現
在のレシピに近いものでした。1903年（明治36年）刊行の『家庭料理法』に「カ
メルカスター」としてカラメルを敷いて蒸しあげる方法が登場し、これが現在のプ
リンの原型となりました。
プリンは「pudding」がなまってできた和製英語ですが、pudding の意味合いは
広く、血のソーセージである「black pudding」やシュークリームの皮のような
「yorkshire pudding」、食パンをベリーなどの果物や果汁に浸して作る「summer
pudding」など、私たちがイメージする"pudding"とはかけ離れています。
日本のプリン（カスタードを"プリン"したもの）は、「creme caramel」や
「flan」のことを指しているのです。

も。けん

1988年兵庫県生まれ。信州大学大学院農学研究科修士課程修了。プリニスト。
趣味は独学でお菓子作り、パン作り。2019年から本格的に「プリン活動」を開始
し、年間200店舗を訪問しインスタグラムを中心に情報を発信。日本のみならず、
台湾、フランス、アメリカなど海外のプリン（フラン）の食べ歩き経験もある。
2020年にインスタグラムでプリンのオリジナルレシピを投稿したことをきっかけ
にプリン作りに没頭。TV出演や、ネットメディアでプリンに関する記事を執筆す
るなど「プリンの人」として活躍中。著書に『魅惑のプリン』（エムディエヌコー
ポレーション）がある。
Instagram @mxoxkxexn

料理・撮影・スタイリング　　　も。けん
デザイン　　　　　　　　　　三上祥子（Vaa）
校正・DTP　　　　　　　　　かんがり舎
プリンティングディレクション　栗原哲朗（図書印刷）
編集　　　　　　　　　　　　泊 久代
　　　　　　　　　　　　　　若名佳世（山と溪谷社）

協力　　　　　　　　　　　　cotta　https://www.cotta.jp/

ときめくプリン と プリンなお菓子

2024年2月1日　初版第1刷発行

著者　　　　　も。けん

発行人　　　　川崎深雪
発行所　　　　株式会社 山と溪谷社
　　　　　　　〒101-0051　東京都千代田区神田神保町1丁目105番地
　　　　　　　https://www.yamakei.co.jp/
印刷・製本　　図書印刷株式会社

・乱丁・落丁、及び内容に関するお問合せ先
　山と溪谷社自動応答サービス　TEL.03-6744-1900
　受付時間／11:00～16:00（土日、祝日を除く）
　メールもご利用ください。
　【乱丁・落丁】service@yamakei.co.jp
　【内容】info@yamakei.co.jp
・書店・取次様からのご注文先
　山と溪谷社受注センター　TEL.048-458-3455　FAX.048-421-0513
・書店・取次様からのご注文以外のお問合せ先
　eigyo@yamakei.co.jp

定価はカバーに表示してあります
落丁・乱丁本は送料小社負担でお取り替えいたします
禁無断複写・転載